To Fay,

with

All My Love,

Milan

Jan 26, 2008

Treasury of Czech
Love Poems, Quotations
&Proverbs

Bilingual Love Poetry from Hippocrene Books

* Also available as an Audio Book

HIPPOCRENE BOOKS, INC.
171 Madison Avenue
New York, NY 10016

Treasury of Czech Love Poems, Quotations & Proverbs

edited and translated by
Marcela Rydlova-Ehrlich

HIPPOCRENE BOOKS
New York

Copyright© 1998 by Hippocrene Books, Inc.

All rights reserved.

For information, address:
HIPPOCRENE BOOKS, INC.
171 Madison Avenue
New York, NY 10016

Library of Congress Cataloging-in-Publication Data
Treasury of Czech love poems, quotations & proverbs / edited by Marcela
Rydlova-Ehrlich
p.   cm.
English and Czech.
Includes index.
ISBN 0-7818-0571-6
1. Love poetry, Czech. 2. Love poetry, Czech—Translations into English.
3. Quotations, Czech. 4. Proverbs, Czech—Translations into English. I.
Rydlova-Ehrlich, Marcela.
PG5025.T68   1998
891.8'6100803543—dc21   97-45856
CIP

Printed in the United States of America.

CONTENTS

Czech Love Poems

ZA TEBOU

Miluji temno u vašich vrat,
    večer, když spustí záclony.
Slyším tvůj hlas mne zavolat.
Jsem jako na koni.

Sváteční kabát vezmu si,
    kvé tinu do klopy.
Ač nejsem Kristus,
    tma přede mnou se rozstoupí.

Ve vaší zahrádce réva se pne.
    Mé ruce se jí podobají,
když tvoje vlasy zlacené
    konečky prstů rozplétají.

Jan Alda 1901-1970

GOING TO YOU

I love the darkness of your gate,
    the evening, when it draws its curtains.
I hear your voice calling me.
    I go as if I am on a horse.

I will put on a festive coat,
    in my lapel a flower.
Although I am not Jesus Christ,
    in front of me the darkness will part.

In your garden the vine sprawls out.
    My hands are very much alike,
when your golden hair
    the fingertips untwine.

Jan Alda, 1901-1970

ZLATÁ RYBKA

Chodívala luna za lodí
chodívala
koráb a luna oraly moře
rybka se v brázdě třpytívala

A jednou přišel krásný princ
nepotřeboval ani síť

Byl krásný
jako že já jsem ta zlatá rybka

Ryba je ponořený pták
a prach
je čas proteklý hodinama

Eva Bernandinová, b. 1931

GOLDEN FISH

The moon used to go behind a ship
used to go
the moon and the boat were ploughing the sea
small fish used to glitter in the furrow

And once a beautiful prince came
and didn't need even a fishing net

He was beautiful
as if I were that golden fish

A fish is a submerged bird
and dust
is the time through which hours flow.

Eva Bernardinová, b. 1931

MILOSTNÁ

Květnových večerů rozhrň tmu,
rozhrň ji rukama teplýma,
chtěl bych ti říci jen pošeptmu:
Jak ňadro teplá je jarní tma.

Jarní tma hladí nás po dlani,
skloň hlavu na mé rameno,
z tenkého písma těch vlasů tvých
chtěl bych číst každičké písmeno.

František Branislav, 1900-1968

O TOBĚ BÁSEŇ

O tobě krásnou báseň chtěl jsem psát,
dát z křišťálu ti malé zrcadlo.
Na papír, přichystaný tolik neděl,
dnes ráno jarní slunce dopadlo.
Víc krásnějšího bych ti nepověděl.
K paprskům připsal jsem jen: mám tě rád.

František Branislav, 1900-1968

THE LOVE SONG

Push apart the darkness of the May evening,
push it apart with warm hands,
only in whisper, I would like to say:
Warm as a breast is the spring darkness.

Spring darkness caresses our palms,
lower your head onto my arms,
from the fine handwriting of your hair
I wish to read every single letter.

František Branislav, 1900 - 1968

POEM ABOUT YOU

I wanted to write a beautiful poem about you,
to give you a small crystal mirror.
This morning the spring sun fell
onto a paper, that has been ready for so many weeks.
I couldn't tell you anything more as beautiful.
To the sun rays I only added: I love you.

František Branislav, 1900-1968

ELEGIE

Dech tvůj vůni ovocné měl šťávy
jižních moruší,
vlas tvůj rozzařoval kol tvé hlavy
lučin ovzduší.
Plály opálem tvé šedé zraky
večer při světle
a tvé rety jako rudé máky
žhnuly rozkvetlé.

Z knihy svého života jsem, ženo,
rval po listu list,
a všechno je spáleno, kde jméno
tvé bylo lze číst.

Ale kdo se ve svém srdci vyzná?
V rámci z mosazi
poutí světem mě tvá podobizna
všade provází.

Z těch nebylas, na něž zapomíná
člověk pro jiné.
Dnes vím: Na tom světě žádná jiná.
A ty taky ne.

František Gellner, 1881-1914

ELEGY

The scent of your breath was
like the juice of southern mulberries;
your hair gave off a glare of meadow's air
around your head.
Your dusky eyes were shining like opals
in the evening light,
and your lips were glowing
like red poppies in full bloom.

From the book of my life, woman,
I tore page after page,
and where one might have read your name
all has been already burned.

But who has ever known one's own heart?
In a frame of brass,
your image
follows me throughout the world.

You were not the kind to be forgotten
for another.
Today I know: No other in this world.
Not even you.

František Gellner, 1881-1914

DOZNÁNÍ

Dojat vším co je láska
k tobě se přimykám
smuten vším co je láska
před tebou utíkám

Překvapen vším co je láska
mlčím ve střehu
churav vším co je láska
soužím se pro něhu

Poražen vším co je láska
u věrných noci úst
opuštěn vším co je láska
až k tobě budu růst

František Halas, 1901-1949

CONFESSION

Touched by all that love is
I draw closer toward you
Saddened by all that love is
I run from you

Surprised by all that love is
I remain alert in stillness
Hurt by all that love is
I yearn for tenderness

Defeated by all that love is
at the truthful mouth of the night
Forsaken by all that love is
I will grow toward you.

František Halas, 1901-1949

Tak často mně to připadá,
když přivinu tě k sobě,
žes kvůli mně zde na světě
a já že kvůli tobě.

Není to snadné světem jít
a nezabloudit v scestí;
leč štěstí v světě největší,
být druhu svému k štěstí.

A má-li král svou korunu,
bůh má-li svoje nebe,
a má-li ptáček jarní háj;
mám já, panenko, tebe.

Vítězslav Hálek, 1835-1874

So often when I am embracing you,
it seems
that you exist in this world
only because of me
and I exist because of you.

It's not easy to wander in the world
and not to lose one's way,
but the greatest happiness of all
is in giving joy to one's beloved.

And if the king can have his throne,
and God can have his heaven,
and if the bird has his Spring grove,
then I, my sweetheart, I have you.

Vítězslav Hálek, 1835-1874

USÍNÁŠ LÁSKO JAKO ZELEŇ STROMŮ

Usínáš lásko jako zeleň stromů
a v temnu plují hory
vstříc vrcholkům hor na vysokém nebi

Usínáš lásko jako zeleň stromů
a ve mně hlásek nejtišší se utiší
aby tě nevzbudil Už jenom dětství
bezhlase smí zpívat
do zlaté lastury z níž po létech
uslyšíme znít moře

Usínáš lásko jako zeleň stromů
a mlčky
zoufale
ti do snů padá hvězda
přání jež jsem ti nesplnil

Usínáš lásko jako zeleň stromů
a po stopách tvých doteků
teď prohlížím své dlaně
jimž se jen stýská Také z nich
vyroste zítra němá bílá tráva

LOVE, YOU ARE FALLING
ASLEEP LIKE THE VERDURE
OF TREES

Love, you are falling asleep like the verdure of trees
and mountains float in the dark
toward the mountain peaks on the high sky

Love, you are falling asleep like the verdure of trees
and inside me the softest voice will cease
so as not to awaken you Only childhood
may still sing voicelessly
into the golden shell in which after many years
we still hear the murmur of ocean waves

Love, you are falling asleep like the verdure of trees
and silently
desperately
into your dreams falls a star
of your wish that was not fulfilled by me

Love, you are falling asleep like the verdure of trees
and following the trace of your touches
I now examine my palms
that are missing you From them also
will sprout the silent white grass tomorrow

Usínáš lásko jako zeleň stromů
a kdesi v mechu kdesi pod vlnami
tě spánek zkolébá že vzdálena nám všem
už zatřpytíš se jenom jako nůž
vzlétnuvši nad propast Takto sama
od nás i od sebe takto bez pomoci
jen krůček od smrti a dotek od života
takto má lásko jako zeleň stromů
na prahu noci v níž nemohu spát
neboť tě miluji
a miluji svou úzkost z naší lásky

Usínáš lásko jako zeleň stromů
vzdaluješ se mi útlým letem hudby
a stačilo by slovo
abych tě přivolal abych tě vrátil
jediné slovo lásko jediná
jediné slovo
které nevyslovím

Josef Hanzlík, b. 1938

Love, you are falling asleep like the verdure of trees
and somewhere in the moss, somewhere under the waves
lulled to the sleep distant from all of us
you will only sparkle like a knife
that flew above the abyss Alone like that
without any help from us from the self
only one step from death and a touch from life
like that my love like the verdure of trees
at the threshold of night in which I cannot sleep
because I love you
and I love my anxiety caused by our love

Love, you are falling asleep like the verdure of trees
you are disappearing from me on a delicate flight of music
and only one word would suffice
to call you back to return you
the only word my only love
the only word
that I will not speak

Josef Hanzlík, b. 1938

Proč visí štěstí na tak tenkém vlásku,
že může se co chvíli přetrhnout?
A co je štěstí? Pavučina, čmoud,
pel pampelišek, píseň sedmihlásků,

drobounké zrno v útlém travním klásku...
To vše je s to i vánek rozfouknout.
I sláva splaskne v slova. Stačí hnout
jen písmenou, jen změnit samohlásku.

Když přinesla's mi věnem velkolepý
dar svojí lásky, dal jsem za něj v sázku
klid svého srdce. Osud ten je slepý,

z not svoji melodii nehude.
Osud mi neodpoví na otázku,
co, až tu jeden z nás už nebude?

Jiří Hejda, 1895-1985

Why does happiness hang on such a thin thread,
able to break at any moment?
And what is happiness? A web, some smoke,
a pollen of dandelions, a bird's song,

a tiny grain in a slender blade of grass...
All that, even a breeze can blow apart.
Even fame fades into words. It is enough
to move only a letter, to change a consonant.

When you brought to me as your dowry
the splendid gift of your love, I gave in exchange for it
the peace of my heart. Fate is blind,-

it does not play its melody from notes.
Fate will not answer my question,
what will happen, when one of us is no more.

Jiří Hejda, 1895-1985

SMUTEK

Toužím po tobě
chlípně a v závrati
abych tě přivolala

Myslím na tebe
něžně a s úsměvem
abych tě potěšila

Smutním po tobě
jen tak maličko
abych tě neděsila

Iva Hercíková, b. 1935

SADNESS

I yearn for you
lustfully, in dizziness
wishing that you would come

I think of you
gently, with a smile
wishing to give you joy

I miss you with sadness
only a little bit
wishing not to frighten you

Iva Hercíková, b. 1935

PŘIŠLA KE MNĚ ZA NOCI

Přišla ke mně za noci,
v zahradě jsme stáli,
po dědinách kohouti
hlásně kokrhali,
na obloze svítila
nebes jasná světla,
ona jako slunce však
na srdci mi kvetla.

Kvetla vděkem ohnivým,
blažena a smavá,
vroucně šíj mi ovila,
úponka ta tmavá,
a když hlavu tiskla mi
k prsům v blahém chvění,
šeptala: "Ach, proč ta noc
na tři roky není."

Na tři roky málo jest,
neměl bych než hoře,
dřív než bych tě zulíbal,
vzplanula by zoře;
kdybych se měl prolíbat
vnad tvých všemi vděky,
musila by trvat noc,
vílo má, tři věky.

Adolf Heyduk, 1835-1923

SHE CAME TO ME AT NIGHT

She came to me at night,
we stood in the orchard,
cocks in the villages
were loudly crowing,
on the sky were glowing
bright heavenly lights,
but she, like the sun,
bloomed in my heart.

She bloomed with a fiery gratitude,
blissful and smiling,
she embraced me with affection
like a dark vine-shoot
and when in blissful trembling
she pressed my head to her breasts
she whispered: "Ah, why does this night
not last three years?"

Three years is not enough,
I would have only grief,
too soon before I could kiss you all over
the dawn would flare up on the horizon.
If I should kiss thoroughly,
with gratitude for all your charms,
such a night, my fairy,
would have to last three hundred years.

Adolf Heyduk, 1835-1923

NENÍ

Není lhostejné, kde právě jsme.
Nebezpečně se k sobě blíží
některé hvězdy. Také zde dole
dochází k násilnému odloučení milenců
jen proto, aby se čas zrychlil
o tlukot jejich srdcí.

Jen prostí lidé nehledají štěstí...

Vladimír Holan, 1905-1980

Rád bych ti zpíval jako pták.
Ale já nejsem pták, jsem tíha.
Jsem tíha spadlá na oblak
a jen tvých drobných dlaní tlak
mě lehkým křídlem zdvíhá.

Josef Hora, 1891-1945

IT IS NOT

Where we are right now is not relevant.
Some stars come dangerously close to each other.
Also down here comes about
the forceful separation of lovers,
only because with the beat of their hearts
time can be speeded up.

Only simple people do not search for happiness...

        Vladimír Holan, 1905-1980

I wish to sing to you as a bird
but I am not a bird, I am heaviness.
I am heaviness descended onto a cloud
and only your tiny palms
can lift me up as if by a weightless wing.

        Josef Hora, 1891-1945

JITŘNÍ DAR

Ve vůni vzdalujícího stmívání
kráčíš
na krajících korku.
Občas
rozpraskne lusk Tvých úst
a vysype se bílý hrášek
ve dvojstupu.
Té chvíle si přeji
vyškrábati do vápna Tvého úsměvu
několik barevných slov,
domnívaje se,
že si ráno vše v zrcadle přečteš,
držíc
v levé ruce
nylonový kartáček na zuby.

Bohumil Hrabal, 1914-1997

MORNING GIFT

You walk
in the fragrance of the departing dusk
on slices of cork.
At times
the pea-pod of your lips bursts
and white peas spill out
in pairs.
At such moments I wish
to inscribe into the snow white of your
    smile
a few colorful words,
assuming
that in the morning you will
read it all in the mirror
while you hold
in your left hand
a nylon tooth-brush.

Bohumil Hrabal, 1914-1997

NU COUCHÉE

Tak rád na Tebe zadívám se,
když oblečena v hrsti sedmikrás
zrcadlíš noční nebe.
Tak rád na Tebe zadívám se,
když z řas Ti hvězdy padají
na modrý prs,
jenž zvolna růžoví,
poněvadž měsíc zvolna zapadá
a slunce dosud nevychází.

Bohumil Hrabal, 1914-1997

SLEEPING NUDE

I like so much to look at you,
when dressed in a handful of daisies
you reflect the evening sky.
I like so much to look at you,
when from underneath your lashes
the stars fall down onto your blue breast,
and it starts to turn blush
because the moon is setting slowly
and the sun has not yet risen.

Bohumil Hrabal, 1914-1997

OSPALÉ NĚŽNOSTI

Neony
zvoní klekání
v tvých očích vycházejí
hvězdy a květiny
padají na zem
mezi stíny
na břeh jezera kde roste rákosí a kmín
kde dřevaři po skončení práce pijí
kořalku z jeřabin

A mně se chce tak spát
Spát
ve stínu tvých vlasů
Spát na nic nemyslet
při zvuku tvého hlasu se probouzet
jak kuchař
v pohádkách kde spí se stovky let

a znovu usínat s hrstí tvých vlasů na čele
a trochu žárlit
na slunce
které ti po těle kreslí
malé nepochopitlné obrázky

Václav Hrabě, b. 1940

SLEEPY GENTLENESS

Neon lights
evening bells
rise from your eyes
stars and flowers
fall to the ground
between shadows
onto the lake shore where caraway and reeds
   grow
where loggers drink rowanberry schnapps
after they have finished work

And I want so much
to sleep
in the shadow of your hair
Sleep and think of nothing else
to wake up at the sound of your voice
like a cook in the fairy tales
where everyone sleeps for a hundred years

And again to fall asleep
with a shock of your hair on my forehead
and to envy a little
the sun
that paints upon your body
small incomprehensible pictures.

      Václav Hrabě, b. 1940

VARIACE NA RENESANČNÍ TÉMA

Láska je jako večernice
plující černou oblohou
Zavřete dveře na petlice!
Zhasněte v domě všechny svíce
a opevněte svoje těla
vy
kterým srdce zkameněla

Láska je jako krásná loď
která ztratila kapitána
námořníkům se třesou ruce
a bojí se co bude zrána

Láska je bolest z probuzení
a horké ruce hvězd
které ti sypou oknem do vězení
květiny ze svatebních cest

Láska je jako večernice
plující černou oblohou
Náš život
hoří jako svíce
a mrtví
milovat nemohou

Václav Hrabě, b. 1940

VARIATIONS ON A RENAISSANCE THEME

Love is like an evening star
that sails in the black sky
Fasten the latch on your door!
Blow out all candles in the house
and you,
whose hearts are petrified
fortify your bodies

Love is like a beautiful ship
that has lost its captain's lead
the sailors' hands are trembling
with worry about the morning

Love is the pain from waking up
the hot hands of the stars
pour flowers from the wedding trip
through the prison window

Love is like an evening star
that sails in the evening sky
Our life
burns like a candle
and the deceased
cannot love any more.

Václav Hrabě, b. 1940

NA SKLONKU LÁSKY

Odešla jsi, zbylo teskné
ticho po krocích.
Jako chorá věc se leskne
luna v potocích.

Má noc mlčí, a pokud víš,
mlčí po staru,
než v tom tichu slovem utkvíš,
včela v jantaru.

František Hrubín, 1910-1971

Z TOHOTO SVĚTA

Teď hlavu otáčíš, je odsluní,
světlo svých vlsů dusíš stinnou dlaní,
poznám tě po pleti a po vůni,
z tohoto světa je mé vzpomínání.

Kéž se zas jednou noci smilují
a ústa má s polibky sevřenými
po širém moři dechu doplují
do tišin mezi ňadry tvými.

František Hrubín, 1910-1971

AT THE DESCENT OF LOVE

You left and sad silence
remained after the steps.
As an ailing thing, the moon
glitters in streams.

My night is silent, and as you know,
it is as silent as ever,
until a word encloses you in that silence,
a bee in amber.

František Hrubín, 1910-1971

OF THIS WORLD

Now you are turning your head, it is aphelion.
You dim the glow of your hair with your palm.
I recognize you by the fragrance of your skin,
my remembrance is of this world.

If only the nights could be merciful again;
and my lips closed by kisses
will sail onto the wide sea of breath
into the quietness between your breasts.

František Hrubín, 1910-1971

HVĚZDO ZÁVISTIVÁ

Vzpomínám na krajinu:
Spí v povijanu cest a luna bledá
dolévá lampu stínů
a v louce zpěv svůj zvedá
jen cikáda, mých rytmů nápověda.

Tma v hustý účes stromů
zaplétá hvězdy a s listím je mísí.
Komu jsem šeptal, komu?
Rty nevzpomínají si -
Proč před láskou, jež pomátla je kdysi,

bál jsem se mluvit nahlas?
Jí po mdlých víčkách, hvězdo závistivá,
paprskem úzkým táhlas -
dnes teprv pookřívá
a v řasách se jí slabě rozhořívá

ten pohled na krajinu:
Spí v povijanu cest a luna bledá
dolévá lampu stínů
a v louce zpěv svůj zvedá
jen cikáda, mých rytmů nápověda.

František Hrubín, 1910-1971

YOU, JEALOUS STAR

I remember the landscape:
It sleeps wrapped by roads and pale moon
fills up the lamp of shadows
and in the meadows, only the cricket,
the prompter of my rhythms, is lifting up his song.

Into the dense hairdo of the trees
the darkness is weaving stars,
mixing them with the leaves.
To whom did I whisper, to whom?
My lips do not remember —

Why was I afraid to speak aloud
in front of love that once bewitched me?
Through the weary eyelids, jealous star,
you were passing with a narrow ray -
Only today, that view of the land
is recovering and faintly rekindling on the lashes:

It sleeps wrapped by roads and pale moon
fills up the lamp of shadows
and in the meadows, only the cricket,
the prompter of my rhythms, is lifting up his song.

František Hrubín, 1910-1971

MUŽOVO OBJETÍ

Obejmu si tě jako plamen.
Což nevdala ses za oheň?
Jak dřevo ohni se mi vzdávej
a na popel už zapomeň.

Obejmu si tě jako voda.
Což nevdala ses za příboj?
Jen příboji se žena poddá.
Jak oceánu se mě boj.

Obejmu si tě jak vítr.
Což nevdala ses za průvan?
K tobě jsem přímo dveřmi vlítl
já světák ze světových stran.

Obejmu si tě jako balvan.
Což nevdala ses za kámen?
I před smrtí tě přechovávám.
Buď prášek jen, smrt oklamej.

Obejmu si tě navždy, navždy.
Takové umím objetí.
Jen na chvilku, to umí každý
a pak jak motýl odletí.

Obejmu si tě, jak bych naráz
tvůj celý život sečtl s mým,
ať v objetí mém leháš, vstáváš,
i kdybych - ne, dál nepovím.

Karel Kapoun, 1902-1963

MAN'S EMBRACE

I will embrace you like a flame.
Didn't you marry a fire?
As a log gives to the fire, give yourself to me
and think about ashes no more.

I will embrace you like water.
Didn't you marry a tide?
Only to the tide will a woman yield.
Be afraid of me as if I were the ocean.

I will embrace you like the wind.
Didn't you marry a draft?
I flew directly through the door to you,
I, vagrant of all the world's parts.

I will embrace you like a boulder.
Didn't you marry a rock?
Even from death I will hide you.
Be mere dust and death you will deceive.

I will embrace you for ever and ever.
I know how to give such an embrace.
Anyone can embrace but for a moment
and then like a butterfly fly away.

I will embrace you as if I would at once
add your life to mine
so that in my embrace you get up, lie down
even if - no, I shall not say anything more.

Karel Kapoun, 1902 - 1963

PROČ JSI TAK KRÁSNÁ

Proč jsi tak krásná?
Nebuď tak krásná!
Chci, abys byla z masa,
ne ze sluneční záře!
Proč jsi tak krásná?
Kdybys aspoň měla pihy,
abych ti je věčně mohl sbírat s tváře!
Kdybys aspoň trošinku šilhala!
Celý život bych na kolenou
přemlouval to odvrácené oko.
Ale ty jsi krásná!
Ano, jsi ze sluneční záře!
Já však nemohu žít pořád pod tou září!
Já nemohu žít pořád jako na jevišti!
Všechno je na mně vidět!
Každá má škaredost,
každé mé klopýtnutí!
Já nemohu žít pořád pod reflektorem!
Pochop to.
Neplač.
Nemohu s tebou žít.
Jsi příliš krásná.

Milan Kundera, b. 1929

WHY ARE YOU SO BEAUTIFUL

Why are you so beautiful?
Don't be so beautiful.
I want you to be of the flesh,
not of the sun's rays!
Why are you so beautiful?
If at least you had freckles,
so I could gather them from your face.
If at least you were crossed-eyed!
A whole life on my knees
I would persuade that turned-away eye.
But you are beautiful!
Yes, you are of the sunshine!
But I cannot live constantly under your shine!
I cannot live constantly as if on a stage!
Everything of me is visible!
All my ugliness,
all my stumbling!
I can't live under spot lights all the time!
Understand it.
Do not cry.
I can't live with you.
You are too beautiful.

Milan Kundera, b. 1929

BOJÍM SE TVÉ LÁSKY

Ano, když to chceš slyšet.
Bojím se tvé lásky.
Bojím se tvých spocených prstů,
které mne pořád svírají.
Bojím se tvých prosebných očí,
těžkých a velikých jak dva balvany!
Vím! Chtěla bys mi ty balvany připoutat
                              na šíji!
Chtěla bys mne s nimi svrhnout do jezera!
A pak, zahryznuta do mne, dlouho, dlouho
hlubokou tou vodou se mnou ke dnu
                              plout!...
...Pusť!
Nemačkej mi ruku!
Nech mne aspoň na chvíli vydechnout.

Milan Kundera, b. 1929

I FEAR YOUR LOVE

Yes, if you want to know.
I fear your love.
I fear your sweaty fingers
that constantly hold me in their tight clasp.
I fear your begging eyes,
like two rocks, so heavy and large!
I know! You would want to tie these rocks
                                        around my neck!
And with them to push me into a lake!
And then, gnashed into me for very, very long
to swim with me through the deep waters
                                        down to the bottom!...

....Let me go!
Do not squeeze my hand!
At least for a while permit me to breathe alone.

Milan Kundera, b. 1929

NA OKRAJI MOŘE

Kdybych ještě lásku potkat měla,
bylo by to na okraji moře.
Bílá pěna měkce by se chvěla
v nekonečnu modravého lože.
Vlny by se v zlatém slunci smály,
teplý vítr s vodou by si hrál,
najády by perly rozsévaly,
život by se přeludem jen zdál.
Slaná vůně svět by zahalila
v milosrdný závoj zapomnění,
chladná krůpěj pláč by s očí smyla,
zůstalo by neskutečné snění.
Píseň sirén žal by utlumila,
v hlubinách by utonulo hoře.
Proto kdybych lásku potkat měla,
čekala bych na okraji moře...

Radmila Lexová, 1913-1949

AT A SEASHORE

Should I ever meet love again,
it would be at a seashore.
White foam would softly tremble
in the unending white cradle.
In the golden sun the waves would smile,
warm wind would frolic in the sea,
the nymphs would scatter pearls about,
life would appear to be as a dream.
The salty smell would enfold the world
into the comforting veil of escape,
cold drops would wash away tears from the eye,
only the fantasy of dreaming would then remain.
The song of sirens would soften the sadness,
the depth of the sea would drown the grief.
That's why, should I ever meet love again,
I would wait at the shore of the sea.

Radmila Lexová, 1913-1949

MÁJ

Byl pozdní večer - první máj -
večerní máj - byl lásky čas.
Hrdliččin zval ku lásce hlas,
kde borový zaváněl háj.
O lásce šeptal tichý mech;
kvetoucí strom lhal lásky žel,
svou lásku slavík růži pěl,
růžinu jevil vonný vzdech.
Jezero hladké v křovích stinných
zvučelo temně tajný bol,
břeh je objímal kol a kol;
a slunce jasná světů jiných
bloudila blankytnými pásky,
planoucí tam co slzy lásky.
I světy jich v oblohu skvoucí
co ve chrám věčné lásky vzešly;
až se - milostí k sobě vroucí
změnivše se v jiskry hasnoucí -
bloudící co milenci sešly.
plné luny krásná tvář -
tak bledě jasná, jasně bledá,
jak milence milenka hledá -
ve růžovou vzplanula zář;
na vodách obrazy své zřela
a sama k sobě láskou mřela.

MAY

It was late evening - the first of May -
a May evening - it was the time of love.
Voice of a dove was inviting to love,
where the pine-grove exhaled a fragrant breath.
Of love the quiet moss whispered;
The blossoming tree lied about love's woe,
a nightingale sang of his love to a rose,
the rose revealed itself by a perfumed scent.
Hidden by the bushes' shade, the calm dark lake
resounded in a secret pain,
the shore embraced it all around;
and the suns of other worlds
roamed about in transparent, glowing bands,
burning there as tears of love.
And these worlds soared in the glittering sky
as into a church of eternal love;
until from their burning desire,
they changed into fading sparkles of fire -
as the lost lovers who meet again.
A beautiful face of the full moon -
so palely bright, and brightly pale,
as lovers seeking one another -
it flamed up into a pink glare;
when seeing in water its own reflection
it was dying of self-affection.

Dál blyštil bledý dvorů stín,
jež k sobě šly vždy blíž a blíž,
jak v objetí by níž a níž
se vinuly v soumraku klín,
až posléz šerem v jedno splynou.
S nimi se stromy k stromům vinou.
Nejzáze stíní šero hor,
tam bříza k boru, k bříze bor
se kloní. Vlna za vlnou
potokem spěchá. Vře plnou -
v čas lásky - láskou každý tvor.

Karel Hynek Mácha, 1810-1836

Further glistened the farms' pale shade,
the farms were coming nearer to one another
as if in an embrace lower and lower,
and were disappearing into the dusk
where finally they merged with the shade.
With them trees lean closer to trees.
Far away from the dark, mountains are emerging,
there birch to pine and pine to birch
are reaching. Wave after wave
is hurrying through the brook. Fully stirred
in time of love is every living thing.

Karel Hynek Mácha, 1810-1836

OPUŠTĚNÝ MILÝ

Na tvé psaní nejkrásnější
položil jsem černý kámen,
že je konec milování
až na věky - amen!

Na tvá slova nejžhavější
lítost duše se jen snáší,
že jsem nepad jako voják
na bojišti lásky naší...
do skonání je ho škoda!
Krátké bylo, jako když se
bystré vodě ruka podá.

Jiří Mahen, 1882-1939

DESERTED LOVER

Upon your loveliest letters
I placed a black stone
to mark the end of our love
for time eternal - amen!

Upon your passionate words,
descends only soul's sorrow
that on the battlefield of love
not as a soldier I fell...

False was our happiness
such a pity forever!
It was as short as a touch
of fast running water.

Jiří Mahen, 1882-1939

POŽÁR

Doteky křídel jsou tvá políbení,
kdos jim tíhu z naší duše snímá.
V lehounký vánek doteky se mění,
nad vánkem vůně opojení dýmá.

Hřích temný hnízdí ve tvém krásném těle
a vlas tvůj režný dýchá svatozáří.
V krajinách snových zpívám osaměle
pro tolik vlídných roztruchlených tváří.

Sen v modrém přítmí smuten zvětrává mi,
potůčky něhy řinou se v tvém hlase.
Kdosi se blízko zachvěl mezi námi,
na vlahá ústa žízeň přisála se.

Řítí se k sobě touhou požíračnou
oheň a voda z křišťálových polí.
Samoty vínem ztěsklí, tiše začnou
svou plachou zpověď o tom, co je bolí.

Jak vonné sousto ústa hořela ti,
tajemná ženo, teplá sladkým žárem.
Když srazí se dvě hvězdy na své trati,
kdo s hrůzou chrání lásku před požárem?

František Nechvátal, 1905-1983

FIRE

Your kisses are like touches of wings,
with them the heaviness is removed from our souls.
The touch changes into a light breeze, and
hovering above the breeze is an intoxicating mist.

Inside your beautiful body nests a dark sin,
and your coarse hair breathes with holy glow.
In dream lands I sing alone
for so many kind and sad souls.

In a blue dusk my dream sadly fades,
little streams of tenderness flow through your voice.
Someone close by, trembled between us
and thirst fused itself to the damp lips.

Fire and water from crystal fields
rush towards you with a devouring desire.
Solitude, heavy with wine, will quietly begin
a shy confession about its pain.

Like a fragrant morsel was burning your mouth,
mysterious woman, warm with sweet heat.
When two stars collide on their path
who will then, in terror, protect love from the fire?

František Nechvátal, 1905-1983

MOTIV ITALSKÝ

Kdy láska přilétá?
Když jaro dýchá po horách,
ze země mízu loudí
a labuť, jinde zrozená,
po našich vodách bloudí;
s břehu když do vln bublavých
měkounká pomněnka se dívá
a lidem vonných za nocí
v každinké žilce slavík zpívá ...

Kdy láska odlétá?
Když nad oblaky nahoře
labuť své mladé volá
a dole vítr v strništích
vzdorná si hvízdá kola;
v zpáteční vodě pod mlýnem
když žlutavá se stříže točí
a lidem němých za nocí
i ve snu chladem vlhnou oči ...

Jan Neruda, 1834-1891

ITALIAN MOTIF

When does love appear?
When the Spring's breath spreads throughout the
    mountains
and prompts the sap from the earth
and a swan, elsewhere born
roams on our lakes.
When on the shore the soft forget-me-nots stare
into the foaming waves
and through their every vein
people hear the song of nightingale.

When does love depart?
When high above in the sky
the swan calls its young
and underneath in the cropped fields
the wind whistles its rounds in defiance.
When the churning waters under the mill
swirl the yellow straw
and even when people have their silent dreams,
the eyes are moist with cold.

Jan Neruda, 1834-1891

KVĚTY LÁSKY

Kvetly u nás rudé růže,
omamné až k neřesti:
ty jsi byla sladký červen,
který jim dal rozkvésti.

Kvetou u nás orchideje
hněvů, vášní, rozmarů:
bouřlivé jsi moje léto,
srpen krve ve varu.

Rozkvetou nám chryzantémy,
až zazvoníš jesení:
velké, bílé, cudné květy
lásky, jež je smíření.

Stanislav Kostka Neumann, 1875-1947

THE FLOWERS OF LOVE

In our place were blossoming red roses,
so dazzling, arousing lust:
you were a sweet June,
who made them bloom.

In our place are blossoming orchids
of anger, passion and whims:
you are my stormy summer,
the stirred blood of August.

Chrysanthemums will blossom in our place,
when you resound of the fall:
flowers large, white and chaste
of love that is reconciled.

     Stanislav Kostka Neumann, 1875-1947

JAK PLAVÁ BROSKEV...

Jak plavá broskev, zdá se mi, že voníš,
jak zralý hrozen, zdá se mi, že chutnáš,
když ňader ovoce k mým retům skloníš
a v dvojím ohni roztaví se stud náš.

Jak plavá broskev zraješ pro mou žádost,
jak zralý hrozen žíznivému kyneš.
Za všechny ženy touze činíš zadost,
když k teplu svému vyzáblost mou vineš.

Jak plavá broskev všecko tvé mne dráždí,
jak zralý hrozen sladce ojíněno.
Vzpomínku každou objetí tvé vraždí.
Och, jak jsi sladká, moje hořká ženo.

Stanislav Kostka Neuman, 1875-1947

LIKE A TAWNY PEACH

It seems to me that you smell like a tawny peach,
it seems to me that you taste like ripe grapes,
when to my lips you lower the fruit of your breasts
and our shyness will melt in the double fire.

For my desire you ripen like a peach,
and invite the thirst like ripe grapes.
You justify desire for all women
when you take my haggard body into your warmth.

Like a tawny peach, every part of you excites me,
like sweetly frosted ripe grapes.
Your embrace destroys every memory.
Oh, how sweet you are, my bitter woman.

Stanislav Kostka Neumann, 1875-1947

GAZEL O KRÁSÁCH
ŽENSKÉHO TĚLA

Ó nespočetné krásy těla,
jež pro mne moje láska měla!
Když hleděl jsem jí do očí,
pokládal jsem ji za anděla.
Těch jejích sametových úst,
jež vždy při polibku se chvěla!
O jejích ňadrech řeknu jen,
že byla zářivá a skvělá.
Ne, podruhé už nepoznám
tak božsky klenutého čela.
Do jejích tajů vcházel jsem
nábožně jako do kostela.
Když řekla: Proboha, již dost -,
tu toho teprv nejvíc chtěla.
Časem jsem na ni zapomněl -,
i ona na mne zapomněla.

Vítězslav Nezval, 1900-1958

ABOUT THE BEAUTIES OF
THE FEMALE BODY

Oh unending beauty of the body
that my love bestowed upon me!
When I gazed into her eyes
I thought that an angel came to me.
Her velvety mouth
that trembled when kissed!
I only say of her bosom that
it glistened and was exquisite.

No, I will not again encounter
a forehead so heavenly arched.
I used to enter into her mystery
piously, as into a cathedral.
When she said: Oh God, enough -,
only then the greatest was her desire.
As time went by I had forgotten her -,
and she also had forgotten me.

Vítězslav Nezval, 1900-1958

AŽ SE TI ZASTESKNE

Až se ti zasteskne,
přijď.
Až se ti slza v oku zableskne,
ty přijdeš, viď!
Z té noci přeteskné
nezbude ani hvězda, ani rybářská síť
a nový den se rozbřeskne.
Ty přijdeš. Přijď!

Vítězslav Nezval, 1900-1958

WHEN YOU ARE LONELY

When you are lonely,
come.
When a tear glistens in your eye,
you will come, won't you?
From that very sad night
there will not be left either a single star
    or fisherman's net,
and a new day will emerge in the dawn.
You will come. Come!

Vítězslav Nezval, 1900-1958

SBOHEM A ŠÁTEČEK

Sbohem a kdybychom se víckrát nesetkali
bylo to překrásné a bylo toho dost
Sbohem a kdybychom si spolu shůzku dali
možná že nepřijdem, že přijde jiný host.

Bylo to překrásné žel všechno má svůj konec
Mlč umíráčku mlč ten smutek já už znám
Polibek kapesník siréna lodní zvonec
tři čtyři úsměvy a potom zůstat sám

Sbohem a kdybychom si neřekli už více
ať po nás zůstane maličká památka
vzdušná jak kapesník prostší než pohlednice
a trochu mámivá jak vůně pozlátka

A jestli viděl jsem co neviděli jiní
tím lépe vlašťovko jež hledáš rodný chlév
Ukázalas mi jih kde máš své hnízdo v skříni
Tvým osudem je let mým osudem je zpěv

Sbohem a bylo-li to všechno naposledy
tím hůře mé naděje nic vám už nezbude
Chcem-li se setkati nelučme se radš tedy
Sbohem a šáteček Vyplň se osude.

Vítězslav Nezval, 1900-1958

FAREWELL AND A
HANDKERCHIEF

Farewell and if we never meet again
it was wonderful and it was enough
Farewell and should we arrange to meet
maybe we will not be there and another guest will come.

It was wonderful unfortunately it all has its end
Be quiet death-bell I already know this sadness
A kiss a handkerchief siren and the boat's bell
three four smiles and then to be alone again

Farewell and should we not say anything else
let there remain after us a small remembrance
airy as a handkerchief simpler than a postcard
and a little seductive like the fragrance of golden glitter

And if I saw anything that the others didn't see
that's even better you little swallow seeking
your native spot
You showed me the south where in a closet
you keep your nest
Your fate is to fly and mine is to sing

Farewell and if all that has been
for the last time that's even worse
nothing will remain of my hopes
If we want to meet again then better not to say goodbye
Farewell and a handkerchief Destiny take your course.

Vítězslav Nezval, 1900-1958

TYS PŘIŠLA

Tys přišla
Prostá srdečná
tak dlouho jsem tě čekal
věřil jsem
musí přijíti
Ač někdy jsem se lekal

Co kdyby přece nepřišla
tak jako včera
dneska zas
Jak tvoje oči hledí
dnešní den
už se nezmění
v zoufalé moře šedi

Krása je prostá
to je vše
podali jsme si ruce
dneska už není
všední den
podívej - vyšlo slunce

Láska je prostá
to je víc
láska je život jen
láskou lze lépe
lépe žít
i prostý všední den

Jan Noha, 1908-1966

YOU CAME

You came
simple and warm
I awaited you for so long
I believed
she has to come
although at times I feared

What if she were not to come after all
as yesterday
and today again
like your eyes is staring
the day today
it will not change anymore
in the desperate gray
of the ocean

Beauty is simple
that's all
we shook hands
today it is not
an ordinary day anymore
look - the sun came out

Love is simple
that's more
love is only life
with love it's better
better to live
even the simple ordinary day

Jan Noha, 1908-1966

KONČINY ŠTĚSTÍ

Končiny štěstí, končiny ticha,
kde končíte, kde končí konec váš?
Jako se žije, jako se dýchá,
milenku čekáváš.

A ona přichází a chce ti něco říci
o tajemství, jehož má plnou hlavu
a které, jako všichni kouzelníci,
schovala do rukávů.

Nemůžeš uhodnout, až potom, když ti mizí,
pomalu pochopíš,
že moudrá dívenka zhola nic nenabízí,
neboť vše dala již.

Jiří Orten, 1919-1941

REGIONS OF HAPPINESS

Regions of happiness, regions of quiet,
where do you end, where does your end end?
As one lives, as one breathes,
a man is awaiting a lover.

And here she comes and wants to say something
about a secret that fills her head
and that she has hidden, like all magicians,
into her sleeves.

You cannot grasp, only later when she disappears,
you will slowly understand
that the wise girl has nothing to offer
because she has already given everything.

Jiří Orten, 1919-1941

ROZHOVOR

Líbal jsi mne na čelo či ústa,
nevím,
- zaslechla jsem jenom sladký hlas
atma hustá
obklopila úžas polekaných řas.

Na čelo políbil jsem tě v spěchu,
negot' omámila mne
vůně tv
tvého proudícího dechu,
ale nevím,

- zaslechl jsem jenom sladký hlas
a tma hustá
obklopila úžas polekaných řas,
líbalas mne na čelo či ústa:

Jaroslav Seifert, 1901-1986

DIALOGUE

(She) Were you kissing my forehead, or was it my lips?
I do not know,
- I only had heard the sweet voice,
and then the thick darkness
enveloped the wonder of my startled eyelids.

(He) I kissed you hurriedly on the forehead,
intoxicated
by the fragrance of your streaming breath,
and I do not know,

- I only had heard the sweet voice,
and then the thick darkness
enveloped the wonder of my startled eyelids.
Were you kissing my forehead, or was it my lips?

Jaroslav Seifert, 1901-1986

PÍSEŇ O LÁSCE

Slyším to, co jiní neslyší,
bosé nohy chodit po plyši.

Vzdechy pod pečetí v dopise,
chvění strun, když struna nechví se.

Prchávaje někdy od lidí,
vidím to, co jiní nevidí.

Lásku, která oblékla se v smích,
skrývajíc se v řasách na očích.

Když má ještě vločky v kadeři,
vidím kvésti růži na keři.

Zaslechl jsem lásku odcházet,
když se prvně rtů mých dotkl ret.

Kdo mé naději však zabrání
- ani strach, že přijde zklamání -,

abych nekles pod tvá kolena.
Nejkrásnější bývá šílená.

Jaroslav Seifert, 1901-1986

SONG ABOUT LOVE

I hear what others do not hear,
bare feet walking on the plush carpet.

Sighs under the letter's seal,
strings trembling when they are still.

Sometimes while fleeing from people,
I see what others do not see.

Love that is clad in laughs,
hidden in the lashes of the eyes.

While snowflakes are still in its lock,
on a bush I see a blossoming rose

I heard love depart
the first time when my lips another lip has touched.

But who will stave off my desire
- not even fear that fiasco will come -,

so I would not fall under your knees.
Insane love is the loveliest of all.

Jaroslav Seifert, 1901-1986

Jen věř mi, byl bych k smrti rád,
by se tvé oči usmívaly,
až budeš večer přišívat,
co ti mé ruce potrhaly.

Ty ruce, jež mi posavad
se bez tvých ňader prázdné zdály.
Jen věř mi, byl bych k smrti rád,
by se tvé oči usmívaly.

Až budeš potom usínat,
ať spí se ti, jak spí král,
jenž vyhrál bitvu o svůj hrad,
strmící na vrcholu skály.
Jen věř mi, byl bych k smrti rád,
by se tvé oči usmívaly.

Jaroslav Seifert, 1901-1986

Believe me, I would so truly like,
your eyes to smile
when evening comes and you sew
all that my hands have torn.

These hands that till now seemed
so empty without your breasts.
Believe me, I would so truly like
your eyes to smile.

Later, when you fall asleep
you should sleep as a king
who in battle
won his castle on a steep hill.
Believe me, I would so truly like,
your eyes to smile.

Jaroslav Seifert, 1901-1986

V DUBNU

Dávat a něhu novou mít,
hlas, který vrací chlapce mámě.
Zvláčňuje odpolední klid
někdo, tichounce uspává mě.

City se časem zauzlí,
hrá šanson, koupil jsem ho v krámě,
hlas, který vrací chlapce mámě.
Dávat a novou něhu mít.

Milá se usmívá tak známě,
až vstávám modré okno stmít.
Zkoušíme starý hebký námět.
V dubnu, když růžovějí stráně,
dávat a něhu novou mít.

Petr Skarland, b. 1939

IN APRIL

To give new tenderness and to receive,
a voice sending a boy back to his mother.
Smoothing the afternoon calm weather
someone, ever so softly, lulls me to sleep.

At times, feelings intertwine,
a song is playing, I bought it in town,
a voice sending a boy back to his mother.
To give new tenderness and to receive.

The smile of my love is so inviting,
I darken the blue window with a shade.
We rehearse the old velvety theme.
In April when hills are turning green,
to give new tenderness and to receive.

Petr Skarland, b. 1939

KDO VÁM TAK ZCUCHAL
TMAVÉ VLASY

Když ona přišla na můj sad, vše právě odkvétalo.
Tak nevrle a tulácky v obzoru slunce spalo.

Ó, proč tak pozdě? řek jsem k ní. Poslední slunce na sítí,
zvony mi v mlhách umlkly, jsou ptáci v travách ukrytí,

mé louky teskní vůní mdlou a vody sešeřeny jsou
a přes přívozy stíny jdou a všecko planou je už hrou, -

že do daleka odplout chci kams na zelené ostrovy
a zdvíhám vlajky na stožár a bílé plachty, lanoví.

Vás tenkrát zjara čekal jsem... V obzoru modrý zvučel jas.
Já napjal struny z paprsků, by echem chyt se v nich váš hlas.

Nuž, rcete, kde jste tenkrát byla? A pod jakými zeměpásy?
Nuž, rcete, čí jste jaro žila? Kdo vám tak zcuchal tmavé
vlasy?

Kde horké noci zpívaly vám v okna otevřená?
Má duše marně toužila tím tichem uděšená.

A teď'! Kdy nevzpomněl jsem snad, vše se tu chystám
zanechat,
na plavbu bych se vydal rád, proč jdete vadnout na můj sad?

WHO SO TOUSLED YOUR
DARK TRESSES

It was just past the bloom when she came into my garden.
Like a grumpy vagrant, the sun slept on the horizon.

I told her: Oh, why so late? The last sun on the marshlands,
birds hidden in the grass, bells that in the fog became silent,

the waters are murky, my meadows are wistful with a faint
scent
and over the water crossings the shadows go and all is al-
ready a vain play, -

so that I wish to sail somewhere far to the green islands
and I hoist the flags onto the mast, rigs and the white sails.

I was awaiting you then in the Spring... On the horizon was
resounding bright blue shine.
I stretched the strings of the sun rays to catch, by the echo,
your voice.

Well, tell me, where were you then? And in which of the
global zones?
Well, tell me, whose Spring did you live in? Who tousled
your dark tresses so?

Where into the open window did the hot nights sing to you?
Frightened by the silence, my soul was longing in vain.

And now! When I did not think, perhaps, and was ready to
leave it all here,
when I would like to set forth the sail, why are you coming
to wilt into my garden?

Pro nás tu slunce nehoří a nevýskají pohoří.
Nám nikde louky nevoní, zpěv nezní v našem pomoří,

chci odplout sám a poslouchám podzimu pohádkové hlasy, -
jdu hledat Nové království.

                Kdo vám tak zcuchal tmavé vlasy?

Antonín Sova, 1864-1928

For us the sun is not shining here and the mountains do not
cheer.
Nowhere for us the meadows smell, singing does not resound
in our seas.

I want to sail off alone and listen to the fabulous autumnal
voices, -
I go to look for the New Kingdom.
                        Who tousled your dark tresses so?

                Antonín Sova, 1864-1928

PÍSEŇ

Já housle vzal jsem v ruku
po létech doma zas!
Tak neuměle, tiše
zvuk nesmělý se třás!
Zvuk nesmělý se třás -
já hrát již zapomněl,
ó marno! Vzpomínám si,
já hrát již zapomněl!

A v žádosti a touze
po měkkých houslích svých,
jež plakaly tak dlouze
za nocích měsíčních -
za nocí měsíčních! -
Já silněj v struny vjel,
ó marno, struna praskla,
já hrát již zapomněl!

I ta, jež ráda měla
můj hovor dumavý,
se ani nezachvěla,
zrak nevzplál pátravý!
Zrak nevzplál pátravý
po letech, jaký žel!
Já zestár jsem a dávno
jsem líbat zapomněl!

Antonín Sova, 1864-1928

SONG

At home again after years
I took the violin into my hands!
So awkwardly, softly
trembled the timid sound!
Trembled the timid sound -
I have already forgotten how to play,
oh, in vain! I am remembering,
I have already forgotten how to play!

And in my desire and longing
for the soft violin of mine,
that wept so sadly
in the moonlit nights -
in the moonlit nights -!
I stroke the string harder,
oh, in vain, the string broke,
I have already forgotten how to play!

And she, who used to like
my ponderous talk,
did not even shudder,
her searching look did not glare!
Her searching look did not glare
after the years, how sad!
I grew old and long since
I have forgotton how to kiss!

Antonín Sova, 1864 - 1928

LEDEN

Miláčku přitul se ke mně
jsem vychladlý jak země
Miláčku prosím tě mne nech
držet se něčeho v čem proudí horká krev
Miláčku buď můj oheň na sněhu
Království za něhu!
Miláčku buď mé útočiště
Příště tě poslechnu jen jestli bude příště
Miláčku buď mé dobrodiní
sáhni si mám pod košilí jíní
Miláčku buď můj zachránce
Což nejsem u konce?
Miláčku nakrm mne a pomiluj
jsem prázdný jako sluj
Miláčku hlavně se neodvrať
Naději mi vrať
Miláčku prosím tě mne nech
dohrát svoji roli dodýchat svůj dech
v těchto slzavých a přece krásných zdech

Karel Sýs, b. 1946

JANUARY

Darling snuggle with me tight
I am cold like frozen ground
Darling please allow me to clutch
something in which a hot blood flows
Darling be my fire on the snow hills
I give a kingdom for tenderness!
Darling be my anchorage
next time if only there will be next time I will be
    compliant
Darling be my beneficence
touch me and feel a white frost under my shirt
Darling be my rescuer
didn't I reach the final border?
Darling feed me and make love to me
I am as empty as a cave
Darling do not turn away
return my hope
Darling please let me finish
my role to end my last breath
in these tearful but still beautiful walls

Karel Sýs, b. 1946

ČTRNÁCTILETÝ

Těch neznám slov, jež řekl bych a plakal.
Však zahrádku mám krásnou, z růži sad,
a kdyby vás tam někdy v noci slavík vlákal,
tam z oněch slov je růží sad.

Já trnů zbavil je. By nezranily snad.
A světlušky jsem prosil o přispění.
I dnes je poprosím, až půjdu spát.
Jen máte-li, ach, v růžích azlíbení?

Snad máte hvězdy radši. Umru rád,
sad růží mých se v louky hvězdné změní.
Však umřít nedejte mi. Není, ach, není
slov krásnějšich, než našeptá vám z růží sad.

Fráňa Šrámek, 1877-1952

FOURTEEN YEARS OLD

I know no such words I could say and cry.
But I have a beautiful small garden, a garden with roses;
and if a nightingale would ever tempt you there at night,
there, out of those words, is a garden of roses.

All thorns I have removed, so not to hurt you perhaps.
And I begged the fireflies to help me out.
Today, when I go to sleep, I will ask them again.
If only, ah, roses are what you fancy?
Perhaps you like the stars. I will die gladly,
and my garden of roses will change into the meadows of
stars.
But do not let me die. There aren't, ah, aren't
any words more beautiful than those whispered by the garden
of roses.

Fráňa Šrámek, 1877-1952

SPLAV

Trápím se, trápím, myslím si,
kde bych tě nejraději potkal.

Ulice střídám, parky a nábřeží,
bojím se krásných lží.
Bojím se lesa. V poledním lese
kdo miluje, srdce své neunese.
Na můj práh kdyby jsi vstoupila,
snad bys mne tím zabila.
Chtěl bych tě potkati v lukách.

V lukách je vlání
na všechny strany, pokorné odevzdávání.
V lukách je nejprostší života stůl,
rozlomíš chleba, podáš ženě půl,
chléb voní zemí, bezpečný úsměv svítí,
až k pláči je prostý věneček z lučního kvítí,
a oblaka jdou, přeběhlo světlo, přeběhl stín,
muž má touhu rozsévače,
žena má úrodný klín ...

Chtěl bych tě potkati v lukách. Šel bych ti vstříc.
A až bys mi odešla, ach, zvečera již,
bys na mne nemyslila víc,
jen na prosebný a děkovný můj hlas,
jako bych jen splavem byl,
který v lukách krásně zpívat slyšelas ...

Fráňa Šrámek, 1877-1952

OVERFLOW

I worry, worry, thinking to myself
where the best place to meet you would be.

I turn down streets, parks, embankments,
The beautiful lies are scaring me.
I am afraid to go into the forest. Someone in love,
can't bear to carry the heart, at noon in the forest.
If you were to step onto my threshold,
it would surely kill me.
I would like to meet you in the meadows.

In the meadows it billows
to all sides, the humble surrender.
In the meadows is the simplest table of life,
one can break bread and give woman a half,
the bread smells of earth, the harmless smile glistens,
one could cry, so simple is the wreath of meadow flowers.

And the clouds go by, light and shadow flash,
man has a longing to sow his seed,
woman has a fertile lap...

I would like to meet you in the meadows.
I would walk to greet you.
And after you would leave me, ah, in the early evening already,
so that you do not think of me any longer,
but of my pleading and thankful voice,
as if I was an overflow,
whose beautiful singing you have heard in the meadows...

Fráňa Šrámek, 1877-1952

MLADÉMU SLUNCI

Mladému slunci nahá zem
prudce se oddávala v březnu
a tiché hlasy slyšel jsem,
když tobě říci přišel jsem:
Ztratil jsem klíč a již ho nenaleznu.

V úvalech loňské listí tlí
a pod ním pučí květy v březnu.
Já chorý, zcizený a mdlý,
míst nepoznal, kudy jsme šli.
Ztratil jsem klíč a již ho nenaleznu.

Jak chvěla se tvá ruka v mých
v ten mlžný večer v časném březnu!
Den spravedlivý přišel, stih
mě zamlklý soud očí tvých.
Ztratil jsem klíč a již ho nenaleznu.

Karel Toman, 1877-1946

TO THE YOUNG SUN

In March, the naked earth
gave itself with force to the young sun
and I had heard the quiet voices
when I came to tell you:
I lost the key and never will I find it.

At the bottom of the valley rot last year's leaves
and under them new flowers sprout in March.
I, sick, estranged and weak,
didn't recognize the places where we walked.
I lost the key and never will I find it.

How your hand trembled in my hands
that foggy evening, in early March!
The day of justice came, reached me
the silent judgment of your eyes.
I lost the key and never will I find it.

Karel Toman, 1877-1946

KDYŽ MYSLÍŠ ŽE JSI SÁM

když noc čelem tvých retů dotýká se
a den očí vplouvá pod řasy
když ticho šeptem v sobě zalyká se
a slovo do tmy mrtvě lehá si

když země dýchá rosu do kalichu květů
a sýček rozhoupá zvon hnátou zemřelou
když tušíš dálku chvěním ve rtu
a chvíle dávno mrtvé znova jdou

když myslíš že jsi sám pod výškou hvězd
a sám pod hloubkou tmy a ticha
tu nejméně čekáš to co jest ...
že možná blízko - docela blízko láska dýchá

Jarmila Urbánková, b. 1911

WHEN YOU ARE THINKING
THAT YOU ARE ALONE

when night with its forehead is touching your lips
and daylight sails under the lashes
when the silence is smothered by a whisper
and a word is falling deadly into darkness

when the earth breathes dew into the flower's cup
and a screech-owl swings the bell by a dead claw
when you sense the distance by the trembling lip
and the long dead moments go on

when you think that you are alone under the high stars
and alone under the depth of silence and darkness
then you least await what is....
That perhaps nearby - quite near, love is breathing

Jarmila Urbánková, b. 1911

KLÍČ

Klíč k mému spánku
máš ty - milý, jediný.
Počítám měsíce, dny, hodiny,
kdy vejde LÁSKA pravá -
co nebere jen, ale i dává.
O které už Petrarca pěl.
To on bláhový nevěděl,
že spousty not i s linkami
mou hlavu bláznivě omámí.
Neseš-li v nich srdce na dlani,
v kouzelné snění se promění.
V záloze schovaná naděje
mým hlasem lehounce zachvěje...
Ze rtů zazvonil smích,
jak do vlasů jsi něžně dých:
"Královno noci, už se jasní
- chci být tvou rozepsanou básní!"

Helena Vajgantová, b. 1948

KEY

Only you have
the key to my sleep - my dear.
I count the months, days and hours,
awaiting the arrival of genuine Love
that gives and expects nothing in return.
Of Love as Petrarch had sung already.
He, who hadn't the wisdom to know,
that all those lines of the musical verse
will cause a foolish daze in my head.
If you open up to them and hold out your heart,
they will transform into an enchanted dream.
Through my voice hope will slightly tremble,
hidden there in reserve.
From my lips a laugh has rung
as you gently whispered into my hair:
"Queen of the night, soon dawn will come
- I wish to be your unfinished poem!"

Helena Vajgantová, b. 1948

HUDBA V DUŠI

Je na dně duší lidských skryta hudba,
jež zvoní tam a hovoří a zpívá,
nechť léta zmlklá, ozve se přec časem,
zvlášť za večerů tiché letní noci,
když rozdechne nám všecky struny srdce
ten mistr tónů, vesmíru bůh, láska.

Já často ptal se srdce: Co jest láska?
A všehomírem v odvet zněla hudba,
až zachvělo se tajným plesem srdce:
Jeť láska pták, jenž v kleci světa zpívá,
rád za dne tichý rozpěje se v noci,
vždy jásá, nechť i zoufá sobě časem.

Je láska poklad nezmenšený časem;
úl medu věčně plný jesti láska,
je úsměvem dne a je kouzlem noci,
je hvězdných sfér ta nejtajnější hudba,
je vodopád, jenž na dně srdcí zpívá,
je v srdcích světem a je světů srdce.

Ó znavené ty, ztrmácené srdce,
jen věř, a paprsk tobě kmitne časem,
i pro tě na života stromu zpívá
pták báječný, jenž nazývá se láska,
i pro tě hvězdná temení se hudba,
jenž line se z tvé tváře, svatá noci!

MUSIC IN THE SOUL

In a far corner of the human hearts,
there is a hidden music,
that rings there, talks and sings,
even if silenced for years, it sounds again at times,
especially, at quiet evenings of the summer night,
when all the strings of our heart are aroused
by that master of tones, the god of the universe, love.

I have often asked my heart: What is love?
And in answer, throughout the universe sounded music
that made my heart quiver in a secret joy:
Love is a bird that in the cage of the world is singing,
it likes to be quiet in day, bursts into singing at night,
always rejoicing, although in despair at times.

Love is a treasure not diminished by time;
a hive full of honey is love,
it is the smile of the day and the miracle of the night,
it is the most mysterious music of the starry skies,
it is a waterfall that in a far corner of the heart is singing,
it is the heart's world and it is the world's heart.

Oh, you weary, tired heart,
only have faith and a ray will shimmer at times,
even for you at the tree of life sings
the wondrous bird that is called love,
even for you is emerging the starry music
that is pouring out from your face, holy night!

Já často těkal, bloudil tichou nocí
a ptal se: Země, kde tvé bije srdce?
A ptal se: Světe, kde ta tajná hudba,
jenž od počátku prostorem zní, časem?
A všecko v odvet znělo: Láska, láska,
tou stojí vše, ta ve všem plá a zpívá!

Již umlkám - však v houští slavík zpívá
a hvězdy zlaté vonnou spějí nocí,
pod okny v stínu šepce mladá láska,
rty tichnou v polibku a v tluku srdce,
a úsměv šerem zazvoní-li časem,
zní jako hrdliček a drozdů hudba.

Tys poezie, *hudba,* která *zpívá*
a letí *časem,* vichřicí a *nocí,*
a řídí *srdce,* v nichž plá věčná *láska*!

Jaroslav Vrchlický, 1853-1912

I often wandered, lost my way in the quiet night
and asked: Earth, where beats your heart?
And asked: World, where is that mysterious music
that from the beginnings, sounds through space and time?
And everything around answered: Love, love,
with it all is standing, in everything it burns and sings.

I already cease to speak - but in the bushes the lark is singing
and the golden stars are hurrying through the fragrant night,
below the window in the shadows young love is whispering,
lips are silenced by a kiss and a beat of the heart,
and if a smile rings in the dusk at times,
it sounds like the music of starlings and doves.

You are the poetry, the *music* that *sings*
and flies throughout *time*, storm and *night*,
and guides the *heart* in which burns eternal *love*!

Jaroslav Vrchlický, 1853-1912

NEZNÁMÉ

Jdi, my se nesejdeme více;
já nevím, kdo jsi, ty nevíš, kdo jsem;
však jestli mluví oko, ret a líce,
vše řečeno, nechť každý zůstal něm!

A dnové přejdou, měsíce a roky,
za námi zavře se ten líný svět,
však budeš víc než líbezné snů kroky,
než z rychlíku spatřen sladký květ.

Až po letech, když starý kmen se skácí
a rozřeže - co najdou kruhů v něm!
Ty jedním budeš z nich... Ó snové sladcí,
já nevím, kdo jsi, ty nevíš, kdo jsem!

Jaroslav Vrchlický, 1853-1912

TO THE UNKNOWN WOMAN

Go, no more shall we meet;
I do not know who you are, nor you, me;
though if the eye, lips and face speak,
all is said, even if both of us were mute!

And days will pass, months and years,
the lazy world will close behind us,
however, you will be more than sweet steps in dreams,
more than a glimpse of a blossom from a fast train.

Only after years, when an old tree trunk will fall,
cut into pieces - many rings will be found!
You will be one of them... Oh, sweet dreams,
I do not know who you are, nor you, me!

Jaroslav Vrchlický, 1853-1912

VZDÁLENÁ MILÁ

Včera byly u mne na návštěvě
všechny hvězdy
- měsíc sedl do velké lenošky -
ale když jsem se jich mezi řečí ptal,
zda kdo mou milou uhlídal,
tak všichni vstali
a šli ji hledat.

Odešli asi do velmi vzdáleného kraje,
protože dnes jich ani vidět není.
Prší mi do světnice a veliká tma je,
v šeru od všech věcí beru rozloučení:
Housle, knihovno, stolku,
Pánbůh je dlužen mi radostnou, červenou holku,
daleko kdesi ji schovává.
Hvězdy a měsíc jsou tuze už staří,
myslím, že se jim nepodaří
dojít až tam...

Musím jít sám.

Jiří Wolker, 1900-1924

FAR AWAY LOVE

All the stars visited me yesterday
-the moon sat down in a big easy chair-
but when between the talk I asked
if they had seen my love somewhere,
all of them stood up
and went to search for her.

They must have gone to a distant land,
because they are nowhere to be seen today.
It rains into my room and it is very dark,
in the twilight I part with all I own:
Violin, bookcase, table,
The Lord owes me a merry, full-blooded girl,
he hides her somewhere afar.
Stars and moon are already too ancient,
I think, they will not succeed
in traveling as far...
I must go on my own.

Jiří Wolker, 1900-1924

APOSTROFA

Ó vášni,
výhni a propasti,
ty hrobe všeho žáru,

jak dusí objetí tvé náruče!

Má lásko
jak ve čtrnácti letech
plachounce, plaše, držíme se za ruce!

Vilém Závada, 1905-1982

APOSTROPHE

Oh passion,
fire and abyss,
the grave of all ardor,

how your embrace can smother!

My love,
like fourteen year olds
bashfully, shyly we hold each other's hands!

Vilém Závada, 1905-1982

SONET Z TVÉ
NEPŘÍTOMNOSTI

Psal jsem ti vzkazy na dveře:
Přijď ke mně, lásko!
   Čekám tě tu;
zažehnu tě jak cigaretu.
Budu ti věrný v nevěře.

Přijď ke mně, lásko, vzít mi dech,
než mi smrt pošle oknem zvenku
lišaje, svoji navštívenku,
než zpráchnivím v těch těsných zdech.

Budeme krásní trosečníci...
Pospěš si, přijď mi aspoň říci,
že je to klamná naděje.

Ale než sevřeš rty a víčka,
přijď ke mně, vsedni na oslíčka
úsměvu, jenž mě zahřeje.

Jiří Žáček, b. 1945

SONNET FROM YOUR ABSENCE

I wrote messages onto your door:
Come to me, my love!
          I'm waiting here;
I'll light you like a cigarette.
I'll be faithful in infidelity.

Come to me, my love, take my breath,
before death sends to me from the outside
lichen, its calling card,
before I rot in these tight walls.

We will be beautiful survivors...
Hurry, come to tell me at least
that it is a false hope.

And before you close your eyes,
come to me on a burro of smiles
that will make me warm.

        Jiří Žáček, b. 1945

Czech Quotations &
Proverbs

MILUJ MĚ

Miluj mě
já tebe,
pudeme spolu
do nebe.

Upřímnost
to je ctnost,
ta nám bude trvat
na věčnost.

Falešnost
šla přes most,
zlámala sobě
v břiše kost.

(Folk song)

LOVE ME

Love me,
and I love you,
to heaven
we shall go together.

Honesty is a virtue
that will last us
forever.

Faithlessness
crossed a bridge
and broke a bone
in its belly.

(Folk song)

Dybych věděl, má Aničko, že má budeš,
dal bych tobě stezku dláždit, kady pudeš!
Stezku dláždit dlaždičkama,
kady pudeš, má Aničko, nožičkama!

(Folk song)

Pověz mně, má milá, máš-li mě ráda,
jestli mě upřímně miluješ?
Dyť jsem ti řekla, že tě mám ráda,
že jiného nechci, jen a jen tebe,
že jiného nechci, jen tebe.

(Folk song)

Na vysoké stráni u vody
trhal tam Pepíček jahody.

A dyž si těch jahod natrhal,
na svou z nejmilejších zavolal:

Poď, má z nejmilejší, poď ke mně,
a já tobě povím, co je mně.

Sedli jsme si spolu k studánce,
povídali sme si o lásce.

(Folk song)

If I would know my dear Annie that you would be mine,
I would pave a road for you anywhere you go.
I would pave the road with tiles
anywhere your little feet would go.

(Folk song)

Tell me my dear if you love me,
is your love true?
That I love you, I told you for sure,
that I do not want anyone but you,
that I do not want anyone but you.

(Folk song)

By a water on a steep hill
Pepicek was gathering strawberries.
And when he gathered them all
he called his dearest beloved.

Come, my dearest, come to me
and I will tell you what is with me.
By the fountain we sat together
and talked about love to each other.

(Folk song)

Miluju, netajím,
ale koho, nepovím.

(Folk saying)

Kdybych já věděla,
že miluješ jinou,
dala bych si řezat
svoje srdce pilou.

(Folk saying)

Letí ptáček, letí,
vesele si zpívá,
že z dlouhého milování
málokdy co bývá.

(Folk saying)

Nenávist vyvolává nesváry; láska zahaluje všechny prohřešky
závojem.

Přísloví

Jako se na vodě zrcadlí tvář, tak srdce člověka na člověku.

Přísloví

I am in love, that I do not conceal
but who it is, that I will not reveal.

(Folk saying)

If I would know that you do not love me any more
I would let my heart be cut by a saw.

(Folk saying)

Flies the little bird, flies,
sings cheerfully,
that nothing comes about
from longtime loving.
(Folk saying)

Hate calls for disputes, love covers all offences with a veil.

Proverb

Like a face reflecting itself in water, so does man reflect his heart.

Proverb

Všechno chce k svému, jak člověk, tak to
nerozumné zvíře, i to kvítí. Nemá-li, co by
rádo, umře, uvadne.

- -

Kdyby i člověk všeho se nasytil, lásky se
nikdy nenasytí.

- -

Kde o lásce řeč, nesmí být o obětech.

- -

Láska se nevyprosí, ani nevyhrozí

- -.

Láska je nemoc, ale uzdravit se nechce.

- -

Láska... rodí lásku.

- -

Co to tak v nás za sílu, která nás neodolatelně
k jednomu táhne, od jiného odráží, že se láska
náhle může v nenávist a naopak proměnit; nám
je to nepochopitelné, a sprostý člověk nemůže si
to jinak vysvětlit než řízením jakési nadpřirozené
zlé moci, do jejíž vůle se podat musí.

- -

Člověk může míti mnoho přátel, může cítit i
velkou náklonnost k člověku, může i zvyknout
někomu, že se mu zdá ten cit láskou, ale opravdivá
láska je cosi jiného. - - Tu musí být rovnost smýšlení
i citu, stejná vzdělanost, obapolná důvěra neomezená
a svoboda.

Božena Němcová, 1820-1862

Everything wants to belong to its own kind - man as well as ignorant beast, even the flora. If it does not have anyone to love, it dies, withers.

- -

Even if man would be fully satisfied with everything else, he will always crave more love.

- -

When talking about love, there can't be talk about sacrifice.

- -

Love can't be begged for, or threatened for.

- -

Love is a disease, but it does not want to be healed.

- -

Love breeds love.

- -

What kind of power inside us pulls us irresistibly towards one person and repulses us from other. It is incomprehensible to us that love can suddenly turn into hate or otherwise change and a simple man can't explain it otherwise but as the governance of some unnatural power to which will he has to succumb.

- -

Man can have a lot of friends, can even feel a great affection for a certain person, can also get used to someone so that he perceives his feeling as love. But a real love is something else. There must be equality in thinking and feeling, the same values, absolute mutual trust and freedom.

Božena Němcová, 1820-1862

Mnohá žena, která by chtěla pro svého muže zemřít, činí ho nešťastna tím, že nedovede pro něho žít.

Tomáš Garigue Masaryk

Nevěřte nikdy tomu, kdo říká, že nestojí o lásku. Takový bývá buď velký žárlivec, nebo je to malý, ale docela maličký a chudý žebráček, který se za svou žebrotu stydí.

Jan Neruda

Bolest a láska jsou blíženci. Tento podvojný strom vyrůstá z jediného kořene, nesa palčivé a sladké plody.

VladislavVančura

Člověk musí mít někoho rád, jinak je všechno pustý.

Mirko Pašek

Věci lásky jsou věci života. Po čase zimním přicházívá jaro, po beznaději vzniká naděje, po hrůzách noci zasvítává den.

Vladislav Vančura

Říkáme láska, ale on je to celý zástup citů, ani je v tom houfu nemůžeme rozeznat.

Karel Čapek

Many of the women who would like to die for their man make the man unhappy because they are not able to live for him.

Masaryk, Tomáš Garigue, 1850-1937

Do not ever believe a person who says that he does not care for love. Such a person is either very envious, or is a little, quite little and poor, love-beggar who is ashamed of his begging.

Jan Neruda, 1834-1891

Pain and love are like Geminis. This dual tree grows up from only one root and bears both bitter and sweet fruit.

Vančura, Vladislav, 1891-1942

Man has to love someone, otherwise all is desolate.

Pašek, Mirko, b. 1910-

Matters of love are matters of life. After winter Spring arrives. After hopelessness arises hope, after terror of night shines the day.

Vančura, Vladislav, 1891-1942

We say love, but it is the whole crowd of feelings, in which we cannot distinguish one from the other.

Čapek, Karel, 1890-1938

Láska je lék od násilí a klíček k tajemství světa.

Vladislav Vančura

Láska bez hádek je jako páv bez per.

Karel Matěj Čapek-Chod

Štěstí je jen v lásce, v myšlence a v dobrotě srdce. Všecko
ostatní je blbost.

Otokar Březina

Polibek je aperitiv lásky.

Václav Kubín

Má láska k tobě je jak den.
Ráno nesmělá a moudrá,
v poledne prudká a nemoudrá
a navečer tichne zamyšlená.

Jakub Deml

Nejdokonalejší a nejvyšší láska jest ta, milujem-li někoho
pro něho
samého a nikoliv pro dobro, které od něho máme, nebo
očekáváme.

Jakub Deml

Angličané a Američané říkají:
Miluj mě trochu, ale dlouho.

Tomáš Garigue Masaryk

Love is a medicine for violence and a little key to the mystery of the world.

Vančura, Vladislav, 1891-1942

Love without a quarrel is like a peacock without feathers.

Čapek-Chod, Karel Matěj, 1860-1927

Happiness is found only in love, in thought and in goodness of heart. All else is idiocy.

Březina, Otokar, 1868-1929

A kiss is an aperitif of love.

Kubín, Václav, b. 1920

My love for you is like the day.
Timid and wise in the morning,
passionate and unwise at noon,
and it becomes thoughtfully quiet in the evening.

Deml, Jakub, 1878-1961

If we love someone for what he is and not for the goodness that we receive or expect to get, that is the most perfect and the highest love.

Deml, Jakub, 1878-1961

English and Americans say:
Love me a little, but for a long time.

Masaryk, Tomáš Garigue, 1850-1937

Alphabetical Listing of Authors

Jan Alda   1901-1970
Eva Bernardinova 1931-
Frantisek Branislav   1900-1968
Frantisek Gellner   1881-1914
Frantisek Halas   1901-1949
Vitezslav Halek   1835-1874
Josef Hanzlik   1938-
Jiri Hejda   1895-1985
Iva Hercikova   1935-
Adolf Heyduk   1835-1923
Vladimir Holan   1905-1980
Josef Hora 1891-1945
Bohumil Hrabal   1914-1997
Vaclav Hrabe 1940-
Frantisek Hrubin   1910-1971
Karel Kapoun   1902-1963
Milan Kundera   1929-
Radmila Lexova   1913-1949
Karel Hynek Macha   1810-1836
Jiri Mahen   1882-1939
Frantisek Nechvatal   1905-1983
Jan Neruda   1834-1891
Stanislav Kostka Neumann 1875-1947
Vitezslav Nezval   1900-1958
Jan Noha 1908-1966
Jiri Orten 1919-1941
Jaroslav Seifert   1901-1986
Petr Skarland   1939-
Antonin Sova   1864-1928
Frana Sramek   1877-1952
Karel Sys 1946-
Karel Toman   1877-1946
Jarmila Urbankova 1911-
Helena (Tarko) Vajgantova   1948-
Jaroslav Vrchlicky   1853-1912
Jiri Wolker   1900-1924
Jiri Zacek   1945-
Vilem Zavada   1905-1982